DE LA MUNIFICENCE

DES

PRINCIPES LIBÉRAUX.

CET OUVRAGE SE TROUVE:

A Chartres, chez madame DESHAIES;
Au Mans, chez BELOT, libraire;
Et au collége, chez l'auteur.

DE LA MUNIFICENCE

DES

PRINCIPES LIBÉRAUX,
HISTOIRE PARTICULIÈRE
D'UN INTÉRÊT GÉNÉRAL.

PAR M. POUSSARD,

Prêtre de la ci-devant Congrégation de l'Oratoire de Jésus,
Sous-Principal du collége du Mans.

Mon Dieu! peut-on en vous mettre en vain son espoir?
C'est à vous qu'appartient le souverain pouvoir;
Je vous demande ici bien moins ma délivrance
Que le salut de la France.

Prix : 2 fr.

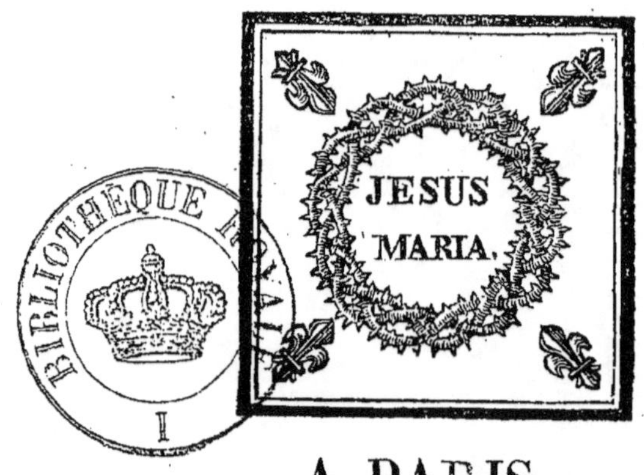

A PARIS,

CHEZ J. G. DENTU, IMPRIMEUR-LIBRAIRE,
Rue du Pont de Lodi, n° 3, près le Pont-Neuf;

ET CHEZ LES MARCHANDS DE NOUVEAUTÉS.

AOUT 1815.

AVIS.

Nous n'avouerons que les exemplaires signés de notre main.

Les contrariétés que nous avons traversées, les obstacles que nous avons eus à surmonter, les nombreuses distributions et les envois que nous avons à faire d'exemplaires d'une édition que nous ne faisons tirer qu'à cinq cents, ne nous permettent pas d'espérer la rentrée de nos déboursés, quand nous vendrions pour notre compte tout ce qu'il nous en restera de disponible, au prix annoncé.

Nous ne retirerons de la poste que les lettres affranchies, ou celles dont nous reconnaîtrons l'écriture.

Nous prions nos lecteurs de nous accorder de l'indulgence pour les détails qu'ils trouveraient inutiles ou minutieux. Nous avons eu nos raisons pour ne pas les négliger. Peut-être que celui qu'ils jugeraient le plus déplacé, serait celui que nous avons regardé comme le plus essentiel à offrir et à conserver.

HISTOIRE

PARTICULIÈRE

D'UN INTÉRÊT GÉNÉRAL.

PREMIÈRE PARTIE.

C'est ici un royaliste aux prises avec un tyran subalterne, dont la persécution nourrie de la calomnie, n'offre, au reste, que des conséquences naturelles des principes libéraux. Avant que d'en offrir l'histoire à nos lecteurs, il convient de leur faire connaître ce qui en fut l'occasion; le voici :

Aux Représentans de la Nation française, Charles Poussard, citoyen français, de tout temps ami de la vraie liberté.

Non velamen habens malitiæ libertatem.

PROFESSE, EXPOSE ET DEMANDE.

Honte, ignominie, opprobre à jamais à tout Français qui n'aurait pas à cœur l'indépendance nationale ménacée, et qui ne serait pas disposé à mourir s'il le fallait, pour conserver intacte son inviolabilité sacrée. Mais sans doute, vous en êtes convaincus; la nation dont vous êtes les représentans peut faire ce qui lui plaît, se maintenir même sous le joug si elle croit que la chose lui soit utile. Et qui pourrait se flatter de la rendre libre mal gré elle? Dès-là même elle cesserait de l'être, puisqu'elle ne pourrait pas faire de sa liberté l'usage qu'elle voudrait. Ce serait même aller contre le droit naturel et divin, puisque Dieu, d'où émane toute puissance « n'a établi, qu'en général, l'autorité civile, laissant à la volonté des hommes le choix des différentes formes de gouvernement, monarchique, aristocratique, populaire (1). »

Quel est donc maintenant l'homme raisonnable, qui, voyant la situation de la France, pourrait croire que son vote libre et indépendant est pour les Napoléonides et rejette les Bourbons?

Je ne me répandrai pas dans des verbiages et des raisonnemens à perte de vue, je ne veux rien dire qui ne tende à la démonstration la plus évidente de la vérité une et simple dont il s'agit principalement, laquelle est, que tous les élémens qui composent ce qu'on nous offre pour être quelque chose, ce qu'on nous dit être tous, n'est rien.

Non! la représentation nationale n'est rien, moins que rien, sous le rapport des pouvoirs constituans dont on prétendrait revêtus les membres qui la composent. Non, encore une fois, elle n'est rien sous ce rapport; ou bien ce serait donc l'insurrection, la rébellion de la minorité contre la majorité. En voici la preuve; et qu'on y prenne garde. Il ne faut pas d'ailleurs une grande capacité pour la saisir, car elle saute aux yeux.

____

(1) *Bossuet*, Déf. de la décl. du cler. liv. I ; pag. 176.

Il n'exista plus en France de Constitution de l'Empire, du moment que les alliés eurent déclaré ne plus vouloir avoir aucune relation avec celui qu'elles en avaient établi le chef, et que lui-même, ce chef, eut donné les mains à cette déclaration par son abdication.

Et qu'on ne dise plus que *la nation n'y a point souscrit*. L'accueil qu'elle a fait à Louis à son arrivée, le bonheur, le plaisir qu'elle avait à vivre sous ses lois, son enthousiasme soutenu de dix à onze mois ; l'alarme générale dès la première nouvelle du retour du rélégué, du banni ; l'insurrection permanente des citoyens paisibles, nés pour être tranquilles, et que la nécessité de résister à l'oppresseur pour conquérir l'indépendance de la France, a armé ; les regrets qui ont accompagné et qui poursuivent Louis dans sa retraite forcée, et qui sont de nature à démontrer qu'ils ne finiront qu'à son retour, sont des faits d'autant plus incontestables, que l'un des plus essentiels, et qui suffirait pour démontrer la vérité de tous les autres, s'il en était besoin, est établi lui-même invinciblement par le rapport du ministre de la police à Napoléon , sur la situation actuelle de la France ; rapport dont communication a été donnée aux deux Chambres, et que tout le monde connaît.

Après avoir dérisoirement promis une Charte constitutionnelle, dite *libérale*, l'usurpateur substitua à sa promesse, sous des prétextes spécieux, des articles additionnels, offerts par un décret dictatorial à l'acceptation du peuple, en la manière prescrite par ce décret.

Qui n'a senti le ridicule, la futilité, l'inconve-
nance, l'indécence, l'effronterie, l'impudeur de
cet acte arbitraire d'un homme sans aveu, sans autre
droit que ceux que donnent l'imposture, la force,
la violence? Passons donc là dessus et venons à la
manière dont cet acte a été accueilli.

1,288,357 votes acceptent les articles additionnels, *quid hœc inter tanta :* d'après les aveux d'un
chaud partisan de ces articles, ce ne serait pas à
beaucoup près le tiers des votes possibles quand ce
nombre ne serait, comme il le dit, que de cinq mil-
lions; puisque si l'on ôte de cinq milions, 3,865,070
produit d'un diviseur, 1,288,357 multipliés par un
quotient 3, il y aura un reste de 1,134,929, ce qui
réduit ce tiers presque au quart.

Si l'on fait de plus attention que le nombre des
fonctionnaires et magistrats est d'un million, et celui
des militaires de cinq cent mille, chose encore avouée
par les partisans, on trouvera que le nombre des
votes qui acceptent est encore de plus d'un huitième
plus faible que celui des agens de tout genre et de
toute espèce de ce gouvernement, insupportable à
une nation jalouse de son indépendance.

Il est encore essentiel, avant de conclure et d'en
venir à exprimer formellement ma pétition, que je
rappelle, qu'avant cette acceptation si illusoire, un
autre acte du dictateur convoque les électeurs qui
ne tiennent que de son délirant et furieux despo-
tisme, le droit d'élire les membres d'une assemblée
constituante, et qui ne peuvent être considérés à cet

égard que comme les représentans de ceux du corps électoral qui les ont envoyés. Les électeurs, n'ayant pu donner que des pouvoirs de députés de départemens, habiles seulement à concourir à la formation des lois, et incapables d'ailleurs, absolument parlant, de rien de tout ce qui peut avoir le moindre rapport à la constitution de l'État, à l'organisation définitive d'un gouvernement nouveau, et encore moins autorisé à toucher à celui qui existe, et que le perturbateur, le bouleversateur, si cela se peut dire, de l'Europe, est venu suspendre et eût voulu détruire, parce qu'il ne veut que ruine, perdition, destruction.

Quel est donc, encore une fois, maintenant l'homme raisonnable qui ne se voit forcé de convenir que nous n'avons réellement aujourd'hui ni constitution, ni gouvernement national en activité, ni représentation nationale purement légitime ?

Cependant, la Chambre des représentans est une assemblée de la même espèce, à la cause près de la réunion de ces honorables et très-respectables membres, que celle de l'assemblée des députés des départemens, de 1814; sa situation est celle où se trouvait la législature de 1791 et 1792, après la journée de si détestable et horrible, déchirante et honteuse mémoire, celle du 10 août 1792; et c'était à elle, à meilleur titre et à meilleur droit, de nous donner un gouvernement provisoire : elle l'a su et elle vient de le faire.

Représentans,

Oui, c'était à vous à nous donner un gouvernement provisoire ; vous l'avez su, vous l'avez fait : honneur, grâces vous en soient rendus. Un sage d'entre vous a voté l'appel au peuple, pour le mettre à même de s'expliquer sur le définitif : c'est ce que vous auriez dû faire, si vous n'aviez pas un meilleur parti à prendre ; le seul bon, parce qu'il est évidemment le seul qui convienne à la nation, qui mette son honneur et son indépendance en sûreté, qui puisse répondre à ses vœux, combler ses désirs, finir la guerre, et lui assurer la paix dont elle a si grand besoin, celui donc de rappeler Louis XVIII, et de charger le gouvernement provisoire, sur sa responsabilité, de pourvoir à la sûreté du retour de S. M., autant qu'il en serait besoin. Telle est, Représentans, la demande que j'ai l'honneur de faire à votre heureuse puissance, et que je lui adresse avec toute la confiance que peut inspirer sa légitimité.

Et ferez justice.

Signé, Poussard prêtre, de la ci-devant Congrégation de l'Oratoire de Jésus, sous-principal du collége du Mans.

Au Mans, 26 juin 1815.

SECONDE PARTIE.

Faits relatifs à l'édition que j'ai voulu faire au Mans,
dans les premiers jours de juillet, de l'opuscule qui
précède, et autres choses à ce sujet.

Civis..... *Si malè locutus sum testimonium peribe*
de malo, si autem benè quid me cædis?

§ Ier.

Le 26 juin, ayant apris, la veille, que M. Dupin
avait motionné l'appel au peuple aux fins de le mettre
à portée d'exprimer son vœu sur le prétendu choix
à faire d'un chef de l'état, je fis l'opuscule qui précède. Mon intention était d'en faire faire des copies,
que j'aurais signées de ma main et envoyées directe-
ment à la chambre des représentans, uné à son président, une autre pour la commission des pétitions,
et d'autres à plusieurs membres de cette chambre,
d'un assez bon esprit pour convertir en motion ma
demande, et l'appuyer.

J'eus tant de peine à trouver mon affaire, pour
plusieurs raisons inutiles à déduire, que le vendredi
30 je n'avais encore que deux copies. Le lendemain,
1er juillet, réfléchissant, dès le matin, sur ce que les
actes des administrations, des tribunaux, des no-
taires, etc., se devaient faire au nom du peuple,
en vertu d'un arrêté du gouvernement provisoire ;

que les Constitutions dites de l'empire avaient été écartées comme tyranniques et ne pouvant convenir à la nation française, et qu'on avait expressément chargé la commission de constitution de s'occuper d'un travail qui pût offrir les moyens d'en avoir une autre, je cru voir que, sous aucun prétexte, on ne pourrait me blâmer d'avoir usé de la liberté d'émettre mes pensées par la voie de la presse.

En conséquence, je ne tardai pas à me rendre chez un imprimeur. Prix convenu pour tel nombre d'exemplaires, et jour et heure arrêtés où il me livrerait la première épreuve, je me retire.

L'après midi cet imprimeur m'ayant trouvé chez un ami, m'y apprit une chose qui m'étonna singulièrement. Je ne puis, me dit-il, imprimer votre ouvrage ; j'ai des ordres qui s'y opposent. Je finis, après lui avoir exprimé mon mécontentement aussi grand que mon étonnement, par me rendre avec lui à la préfecture. Là, il m'adresse à un commis ou chef de bureau, qui me dit n'avoir nul pouvoir de faire droit à mes réclamations, et me renvoie à M. Lagarde, en me disant qu'il était à la campagne.

Instruit que je ne pourrais le voir (au plutôt) que le lendemain, entre neuf et dix heures, je lui écris, en lui insinuant très-séchement les dispositions où je suis de me plaindre, à lui-même, des griefs que me fait son opposition injuste et si contraire aux lois en vigueur. Je lui marque en propres termes, que j'espère me rendre à la préfecture, entre neuf et dix heures, le lendemain, et y trouver au moins une réponse qui m'indiquera l'heure où je pourrai lui parler de mon affaire.

A l'heure dite j'arrive. Introduit, je le trouve avec une personne qui me paraît causer avec lui familièrement ; assis tous deux, ayant l'un le bras droit et l'autre le gauche accroché au dos de leur siége.

Monsieur, j'ai reçu votre lettre, et je suis bien aise de vous en parler devant monsieur. Telle est la manière dont débute M. Lagarde, avant que je puisse lui rien dire. Je tâche alors de parler, et cela pour lui répondre, que, moi, pour raison, je désire, avant toute espèce de publicité, l'entretenir en particulier. Je n'ai pas le temps de m'exprimer ; je n'ai pas plutôt essayé de le faire, que je lui entends dire, en se levant, du ton le plus impérieux, disons le plus pédant : Monsieur, j'ai la parole et je la garde. Je le salue profondément en lui disant, plus par mon attitude et mon jeste qu'autrement, que puisqu'il ne veut pas m'entendre, je ne prétends pas lui ôter la parole malgré lui. J'ai le droit, dit-il, en qualité de préfet, de . . . . . Sur ce je ne puis me retenir. M. Lagarde est vif, à ce qu'il paraît, et moi je ne suis pas lent ; nous étions bien là tous deux.

Je vais exposer de suite et en substance, tout ce que j'ai dit moi-même, dans une vive interlocution.

Prenant une voix plus haute que la sienne que je voulais couvrir : Monsieur, lui dis-je, nous ne sommes point d'accord ; vous vous prétendez préfet, et de l'autorité de qui le seriez-vous, s'il vous plait ? De celle de Buonaparte ? Eh mais, il n'est plus rien qu'un homme ; son masque est tombé. Le dictateur ou, si vous voulez, l'empereur s'est évanoui. Ses constitutions d'ailleurs doivent servir de base à vos opérations, si vous voulez agir en son nom ; et où est le respect que vous avez pour ses articles additionnels, qui donnent à tout citoyen le droit, la faculté d'émettre sa pensée par la voie de la presse ? Invoqueriez-vous la Chartre de Louis XVIII, elle me plait et je suis tout prêt à m'y soumettre ; j'y suis, bon Dieu, tout soumis. Mais Louis ne vous connaît pas ici, vous n'y êtes pas un homme qui peut en son nom se prévaloir contre moi, d'une loi organique de sa Constitution. Bon pour M. Pasquier, c'est lui qui pourrait le faire ; mais vous, du tout. Un mot, un jeste, le plus petit mouvement du sourcil chez lui, m'arrêterait dans mon projet. Dès qu'il aurait dit ou fait l'un ou l'autre, je céderais, j'obéirais. Mais non, car quoique mon écrit soit loin d'avoir vingt feuilles, M. le préfet serait encore plus éloigné d'en empêcher l'impression ; non, encore une fois, je n'ai rien à craindre sous lui de la censure préalable, et je ne crains rien non plus de vous, qui ne seriez pas le premier préfet contre qui j'aurais eu justice.

Ensuite changeant de *medium*, parlant de toute autre chose, j'ai encore dit :

Il est bien malheureux pour moi, Monsieur, que notre collége ait tant sujet de se plaindre de vous. Peut-être, je souhaite que cela soit, peut-être est-il le seul à qui vous l'ayez donné ce sujet ; mais aussi combien ne sommes-nous pas fondés à nous plaindre de la manière dont vous avez accueillie une pétition de nos . . . .

Le style réfléchi n'admet point l'expression dont je me servis pour qualifier ceux de nos pensionnaires qui firent, à notre insçu, la demande à M. Lagarde de faire mettre le drapeau tricolore au-dessus de notre horloge, et d'être autorisé à porter la cocarde à la nouvelle mode. Leur demande fut accueillie avec toute faveur ; on leur donna la certitude du bon succès de leur démarche, sur-le-champ. Des bruits s'en répandirent dès le soir et dans la matinée du lendemain parmi nous ; mais nous ne sûmes officiellement ce qui en était que vers la fin de cette journée., et cela par l'entremise de M. le maire, qui , par une lettre , notifia à M. le Principal la volonté de M. Lagarde , qui donnait aussi un congé.

Je supprime ici les réflexions ; le lecteur raisonnable sait assez que penser de cette conduite. Je ne m'occuperai pas non plus à détailler les actes d'insubordination renforcée, dont quelques-uns ont retenti dans toute la ville , et qui ont été le résultat d'une condescendance aussi indécente que capable de donner l'idée de secouer le joug, au caractère le plus docile, qui, à un petit nombre près , est celui de nos élèves.

Si M. Lagarde eût su aussi bien administrer qu'il s'est montré le savoir peu, au moins dans cette circonstance, il n'eût pas fait ce pas de clerc ; il eût, à la bonne heure, accueilli avec bienveillance le prétendu député porteur de la pétition. Il lui eût té-

moigné le plaisir qu'elle lui faisait, le désir qu'il aurait de pouvoir y répondre, selon celui des pétition-
naires. Mais il aurait ajouté : Vous avez des chefs,
mon ami, des maîtres, que vous et tous vos cama-
rades doivent respecter, que vous auriez grand tort
de contrarier. Je ne doute pas du désir qu'ils ont de
faire le bien et de l'efficacité des moyens qu'ils em-
ploient pour y réussir, si vous les secondez par votre
docilité à leurs avis, et votre obéissance à tout ce
qu'ils ont à vous prescrire. Je suis sûr que si dans
leur prudence ils ne trouvent aucun inconvénient à
ce que vous soyez exaucés, vous le serez. Vous pouvez compter que je ferai tout ce que je pourrai pour
que cela soit.

Cela n'aurait pas empêché qu'il eût ordonné ce
qu'il aurait jugé à propos ; mais au moins il n'aurait
pas fait penser à des enfans, ce qui n'était pas, ce
qu'il était très-dangereux qu'ils crussent, ce que plusieurs ont cru, qu'ils pouvaient faire quelque chose
de légalement autorisé contre notre gré.

Ne savons-nous donc pas tout le respect qui est dû
à l'homme en place, à quelque titre qu'il y soit, et
qu'on lui doit obéir en tout ce qui n'est pas évidemment contraire aux lois ; et jamais avons-nous rien
fait de contraire à ce que nous savons ?

Mais que va-t-on penser des impernitentes leçons
et remontrances qui nous furent adressées à M. le
Principal et à moi, le lendemain de l'arrivée du Monsieur, dans les circonstances où les bienséances nous
forçaient à aller lui faire, comme on dit, la courbette ?

Là, à des menaces, qu'il assaisonna si plaisamment de témoignage de confiance ; où chaque phrase vous offrait comme le démenti de la précédente, se joignit l'impudeur qu'il porta jusqu'à nous demander dans quels principes politiques nous avions élevé notre jeunesse sous le règne de Louis XVIII. Nous n'occupons pas nos élèves de politique , lui répondit, comme avec ingénuité , M. le Principal , nous ne savons que leur expliquer le rudiment, la méthode, Horace, Virgile et autres choses de cette espèce ; et encore cependant , le respect qu'ils doivent aux autorités et aux puissances. A cette réponse il parut d'abord vouloir s'adoucir. Ce n'est pas là l'embarras , dit-il, j'ai été moi-même employé sous Louis XVIII, et j'ai fait mon devoir en honnête homme , comme je le ferai toujours. Non , il n'est pas question du passé , mais bien du présent, et sur-tout de l'avenir. Dites cela, dites bien cela à vos messieurs , de bien prendre garde à eux , car si j'en apprenais quelque chose, j'en aurais bientôt fait.

Cela est parler clairement, ce me semble. Il nous avait demandé auparavant quels étaient les emplois, les fonctions que nous avions exercés dans la Congrégation de l'Oratoire. Nos réponses parurent lui avoir donné plus de satisfaction qu'il ne désirait. Comme il riait jaune ! embarrassé , tout déconcerté. Quand il se fût un peu remis ; j'ai fait , nous dit-il, le métier (s'il m'en souvient il nous dit qu'il avait été professeur, à Louis-le-Grand, de réthorique ou de quelqu'autre chose , n'importe) ; je connais , continua-t-il, la jeunesse ; je sais qu'on fait des enfans tout ce qu'on veut. Oh ! monsieur, lui dis-je, moi, tout ce qu'on veut? ce n'est pas aujourd'hui toujours. Ignorant que j'étais, hélas ! sans expérience , j'ignorais au moins son savoir faire; mais aujourd'hui puis-je moins faire en réparation d'honneur pour le démenti que je lui donnais, que de dire et d'avouer en chantant :

> Que d'enfans
> Seraient contens ,
> Si Lagarde était leur maître ,
> Que d'enfans seraient contens ,
> De Lagardes pour régens.
> Nous jetant par la fenêtre (1),
> Comme ils nous enverraient paître.....
> Que d'enfans seraient contens.

Pour en revenir aux faits relatifs à notre édition, je vais offrir le résultat de notre entretien. Il fut plus glorieux pour moi que je ne le mérite , n'ayant rien fait, n'ayant voulu que faire , il ne m'est pas non plus affligeant :

> Plus je souffre pour Louis,
> Plus je me réjouis.

Je ne m'afflige qu'à cause de mes amis qui me croient à plaindre, et je n'ai à plaindre que celui qui me force à un tel écrit qui, sans autorité legitime, a sévi contre moi par des actes aussi durs qu'arbi-

---

(1) A propos de fenêtres , M. Lagarde , si j'en crois les *on dit*, disait , en parlant de mon affaire du 2 juillet, que s'il n'eût pas respecté mon âge, il m'aurait jeté ou fait jeter par les fenêtres; j'ai bien des grâces à rendre au respect qu'il a pour l'âge.

*raires, ayant osé attenter à ma personne , à ma li-
berté individuelle ; et ce qu'il y a de plus criant , se
montrer ouvertement en révolte contre le Roi et la
nation, en attentant à celle que j'avais de combattre
pour la défense de la cause nationale. Eh ! n'est-on
pas obligé d'ailleurs de prendre soin de soi, de tâ-
cher de conserver la confiance et l'estime dont on a
besoin pour faire le bien qu'on a à faire, et qu'on
ne peut faire qu'avec elles? N'est-on pas aussi obligé
de signaler les incapables des places qu'ils occupent?

Ah! tu as été, malheureux, employé sous Louis
XVIII, et tu t'es comporté, dis-tu, en honnête homme!
c'est sans doute en le trahissant ou en l'abandonnant
que tu as mérité cette qualité?

Mais il veut qu'il en soit autrement aujourd'hui ;
c'est en servant aussi bien la cause du tyran, tyran
lui-même ; qu'il a mal travaillé à nous conserver ou
à nous ramener un père, qu'il va se signaler.

§ II.

Deux gendarmes bientôt, par ses ordres, me con-
duisent, précédés d'un domestique, d'abord dans un
bureau, et cela par méprise, ou plutôt par mauvaise
indication, effet d'une tête montée à la vengeance
jusqu'au délire. Je suis donc conduit d'abord dans
un des bureaux de la préfecture ; puis, en vertu de
nouveaux ordres, dans un appartement complet, où
il y avait seulement quelques chaises, dont l'une ,
ainsi que le manteau de la cheminée, m'a servi de
table. J'ai écrit aussi sur une des deux tablettes d'une

bibliothèque dépourvue des autres. Il y avait encore dans cette chambre deux corps de bibliothèque en armoire grillée, et une très-grande et vieille armoire dans une autre chambre ; de plus, un prie-dieu faisant partie d'une boiserie à hauteur d'appui, tournant, s'il m'en souvient bien, autour de la chambre. Il était, ce prie-dieu, placé au bas d'une fenêtre ouverte sur l'église de la paroisse Notre-Dame de la Coulture. Je l'ai trouvé là fort à propos, ainsi que la fenêtre ; car l'un et l'autre me semblaient placés tout exprès, pour m'aider à sanctifier très-commodément mon dimanche, et à prendre part à la solennité des SS. apôtres Pierre et Paul (dont l'exemple prêche si bien la consolation dans les liens innocens), puisque, comme on voit, j'ai eu la commodité d'avoir grand-messe, vêpres, salut, sans prendre la peine d'y aller. J'avais là sous les yeux plusieurs de nos externes, qui se tiennent à l'église d'une manière plus édifiante que plusieurs de nos pensionnaires, et ce n'est pas beaucoup dire.

Réfléchissant sur tout cela, j'eus un moment la bonhomie de penser, et j'en fis part à un de mes gardiens, que Lagarde ne voulait apparemment que me donner une preuve de l'autorité de fait qu'il avait sur moi, et cela avec tous les ménagemens et les adoucissemens possibles. Mais peu après je me disais : oh non, il n'aime pas les prêtres, ni par conséquent la religion dont ils sont les ministres. Je suis mieux ici qu'il ne croit ; ce n'était pas plus son intention de m'y mettre que dans le bureau ; ce n'est ici sans doute que l'anti-chambre de la prison qu'il me destine. Je dis cela aussi comme le reste à mon gardien.

Je lui dis même encore dans un autre moment, sur le soir, en causant avec lui, prenant l'air à la fenêtre :

« Le malheureux ! Lagarde fait mieux pour lui qu'il ne croit en me persécutant. Il y a long-temps que je pense à le faire connaître. Sa conduite, dès son arrivée, avec notre jeunesse, doit être mise au jour. Cependant, je n'oserai plus le faire. On croirait qu'il y a plus d'animosité que de vérité dans ce que je dirais ; et il ne suffit pas de ne pas être vindicatif, il faut encore craindre de passer pour l'être autant qu'on le peut. »

Oui, dans ce moment mon cœur me défendait de rien dire contre lui ; j'en prenais sincèrement la résolution ; j'en faisais part à mon gardien : et ceux à qui je disais tous les jours que ce que je gardais à Lagarde n'était pas perdu, devaient maintenant ne plus s'attendre à le trouver.

Mais d'ultérieures réflexions m'ont amené à croire et à voir ce qui est vrai, que l'intérêt public est au-dessus de toute considération ; il me suffit d'être étranger à toute autre passion qu'à celle de mon amour pour ma patrie, dont Dieu me prescrit le devoir. Que les hommes pensent de moi ce qu'ils voudront, je ne saurai que plaindre ceux que leur témérité porterait à me condamner ; et j'espère qu'il me suffira toujours de l'approbation de ma conscience, qu'un Dieu bon et plein de miséricorde ne m'a pas donné pour m'égarer. (*Voyez* pag. 15, lig. 5 et suiv.)

Je rentre d'ans l'appartement que j'occupais à la préfecture.

On m'y fit servir à dîner et à souper ; mais jamais je ne pus obtenir un simple matelas sur le pavé pour reposer en attendant l'heure du départ de la voiture pour Chartres (1). J'ai eu aussi beaucoup de peine à avoir la faculté d'écrire deux lettres, dont l'une à M. Lagarde, restée sans réponse et sans effet, et l'autre à notre Principal, pour lui demander un surcroit à l'argent qu'il avait eu l'attention de m'envoyer sans que je le lui eusse demandé. Hélas ! lorsqu'il me fit ce premier envoi, on m'avait jusqu'alors refusé la faculté d'écrire même à M. Lagarde lui-même.

Avec de l'argent M. le Principal m'envoyait un paquet qu'il m'avait aussi fait de sa tête comme il avait pu, et qui pourvoyait plus à mes besoins que je ne le crus d'abord. Il n'aurait pas mieux fait quand je lui aurais spécifié ce que je désirais. La providence l'aidait, elle qui a soin de tout, et si particulièrement de moi.

Me voici dans la voiture accompagné de l'un des gendarmes qui m'avaient alternativement, et quelquefois ensemble, gardé pendant le jour précédent ; ou plutôt me voilà arrivé à Chartres et déposé dans la prison. Bien plus, je cours aujourd'hui le quatrième jour depuis que j'y ai été déposé, puisque nous sommes au 6 juillet, et que je suis arrivé le 3.

Je ne trouve pas que j'y éprouve un traitement plus

------

(1) Voilà du respect pour l'âge. *Voyez* la note page 14.

dur que les autres, sur-tout si mes lettres, que je donne ouvertes, parviennent à leur destination, et si je reçois fidèlement les réponses. Il paraît qu'oui, car voilà deux jours que je vois M. Huicq, l'un des vicaires attaché à la paroisse Notre-Dame de Chartres, dont je reçois beaucoup de satisfaction.

Le concierge, à ma prière, m'a mis dans l'endroit le plus tranquille. Je suis parfaitement hors du bruit de la troupe nombreuse des prisonniers. C'est une de leurs infirmeries qui me sert de chambre. J'y suis seul avec un jeune homme qu'on y a laissé après une maladie, ayant mérité cet égard du concierge, par sa bonne conduite et les petits services qu'il rend à l'occasion. La chambre où sont les malades n'est pas loin, et il n'y en a que deux, avec un prisonnier qui leur sert d'infirmier. Il fait ma chambre et me rend d'autres services.

Les militaires font bande à part. De jour et de nuit il en passe sous mes fenêtres pour entrer ou sortir. En voilà soixante-quinze qui viennent d'arriver, il en entre, il en sort par troupes, je ne sais d'où vient ce mouvement. En en voyant partir ce matin, pour la première fois, j'en tirois bonne augure, m'imaginant que c'était parce que les alliés approchaient, et qu'on évacuait les militaires pour les soustraire à la délivrance, et les empêcher de se joindre à l'armée de nos libérateurs.

J'ai parlé de mes lettres. Voici la première que j'ai envoyée à M***, faisant fonction de préfet à Chartres.

Chartres, 4 juillet 1815.

Monsieur,

Vous avez dû recevoir hier une missive de M. le préfet de la Sarthe, relative à ma détention ici. Je n'en connais point de motif raisonnable. Cette manière de m'exprimer n'agravera pas mes torts à vos yeux, au moins jusqu'à ce que j'aie eu l'honneur d'être entendu de vous. C'est pour l'obtenir que j'ai celui de vous écrire; et je crois qu'il est instant que j'aie aussi celui de vous voir. Je suis, etc. Suit ma signature qualifiée.

Cette lettre est restée sans réponse, sinon qu'une personne qui a témoigné de ma part à M. ** mon étonnement de son silence, m'a dit ce qu'on lira dans la lettre suivante, précédé et suivi de guillemets.

Chartres, 6 juillet 1815.

Monsieur,

Je vous fais mille et mille excuses de mon importunité. Je m'étais proposé et j'ai même promis d'attendre tranquillement que vous m'appelassiez, sans plus rien vous écrire, par respect pour le besoin que vous avez de votre temps pour les affaires publiques. Mais j'ai réfléchi que vous me sauriez vous-même mauvais gré de ma réserve, qui vous aurait empêché de me rendre plutôt le service que je ne puis attendre que de vous.

«Je ne suis point votre administré», cela est vrai, et plût à Dieu qu'il en fût autrement, je ne serais pas où je suis. Ce n'est point ici un compliment dicté par l'intention de vous gagner. Qu'il serait fade et maladroit! *Famam sequor;* et si je sais au besoin dire des vérités dures , pourquoi éviterai-je une occasion si naturelle de vous en dire une agréable.

« Vous êtes étonné qu'on m'ait envoyé chez vous. » Je ne le suis pas moins , et je n'en connais point de raisons justes.

« Il faut que vous preniez des informations pour savoir ce que vous pouvez faire de moi. » Personne, Monsieur, n'est plus à même de vous donner là-dessus tous les éclaircissemens que vous pouvez desirer que moi-même. Je le ferai si bien , en répondant à tout ce que vous pourrez me demander , que vous ne pourrez rien obtenir de plus vrai , à charge ou à décharge, d'ailleurs. Je puis même vous indiquer un moyen fort simple de vous débarrasser de moi sans vous compromettre.

Je crois pouvoir à présent, être sûr que vous ne me refuserez pas l'honneur d'un moment d'audience. J'ai celui d'être, etc.

J'ai fait et envoyé cette lettre le matin de bonne heure, après avoir fait ce quatrain :

> Tâchons de sortir d'ici
> Par un moyen légitime,
> Tout autre n'est bon qu'au crime.
> Comment ferai-je? eh! le voici.

Il ne m'a pas réussi, ce moyen, au moins jusqu'à présent, car il est déjà tard et rien n'est venu ; rien ne vient.

Voici à-peu-près ce que je lui aurais dit s'il m'eût appelé; ce que je lui dirai, s'il m'appelle.

Monsieur, remis par un Félix à un Festus, quoique loin d'être un saint-Paul, si vous ne croyez pas pouvoir me renvoyer plus favorablement, quand vous m'aurez entendu, je vous demanderai ce que vous ne pouvez, ce me semble, me refuser, d'être envoyé à César, quel qu'il soit; je n'ai offensé ni l'un ni l'autre. J'ai voulu user des facultés que me donnent les lois de l'un, j'ai réclamé en face contre celui qui voulait, et qui a continué à vouloir arbitrairement m'en empêcher. Et quant à l'autre, c'est sa cause que je plaide dans mon écrit, et plus encore celle de ses sujets, celle à laquelle sont attachés l'honneur, l'indépendance, le salut de la France; cause que je plaide victorieusement. Renvoyez-moi donc à César, si vous ne pouvez faire mieux pour moi; c'est-à-dire, que je demanderai dans ce cas à être renvoyé par-devant le ministre de la Police.

S'il eût argumenté, et s'il argumente des obstacles qui s'opposent à l'accomplissement de mes désirs, attendu le blocus de Paris, voici ma réponse :

Eh bien, Monsieur, donnez-moi un gendarme en parlementaire, que vous autoriserez à me relâcher, s'il ne peut mieux faire, dans les lieux occupés par les alliés. Je vais m'engager, je m'engage à ne le quitter qu'après l'arrangement des affaires, à moins que celui qui m'a remis entre vos mains ne consente formellement à ce que je retourne plutôt à mon poste ou que j'y sois autorisé par une autorité supérieure à la sienne, avouée du Gouvernement provisoire. Qui pourrait empêcher que vous m'accordassiez ce que je vous demande? Que voyez-vous là qui puisse vous compromettre? Je ne suis détenu que pour être mis hors de pouvoir grossir ou favoriser le parti des royalistes, et je ne serai plus qu'avec ceux qu'on ne peut empêcher de l'être.

Voilà six heures qui sonnent, et d'ailleurs je n'ai plus rien pour le présent à ajouter à ce qui précède qui y ait rapport.

Eh mais, si fait, pourtant, car j'oubliais une chose essentielle; c'est la lettre que j'écrivais le 4 à Lagarde, et qui doit lui avoir été remise ou envoyée par notre principal, à qui j'ai aussi écrit le même jour; à moins qu'il ne l'ait jugée capable d'effaroucher le Sieur, qui est comme je l'en avertis, chatouilleux, et très-chatouilleux. que contient-elle donc, cette lettre, de désobligeant ? On va le voir :

Chartres, 4 juillet 1815.

MONSIEUR,

Ce qu'on me dit des affaires présentes m'effraie. Il est à craindre que je me trouve affranchi de mes liens par l'effet des évènemens, et je crois qu'il serait plus convenable que je le fusse de votre aveu et de votre autorité. Je suis, etc.

Comment, plus convenable, me dirait-il, si j'étais devant lui ? Oui, Monsieur, lui répondrais-je, plus convenable, offensez-vous encore de la vérité. Ici elle est : que si je suis élargi par la force ou l'effet des évènemens, on ne connaîtra pas jusqu'à quel excès vous vouliez vous venger de ce que j'ai osé me fâcher contre vous, parce que vous manquez à votre devoir envers moi; au lieu que si vous m'élargissiez spontanément, on verra au moins que vous êtes capable de mettre fin à vos injustes animosités :

> Quittons la plume, et prenons le bréviaire,
> Car, après le travail, c'est là ce qu'il faut faire :
> Ainsi qu'auparavant,
> De là tout contentement.

Aujourd'hui, samedi, 8, je reprends mon histoire prisonnière, ou plutôt aujourd'hui, 18, j'en recueille les notes, que je vais rédiger, mettre au net.

Je passai une petite partie du sept dans la plus grande perplexité, dans l'affliction la plus vive, pour avoir donné trop de croyance à une fausse nouvelle, la plus allarmante, la plus effroyable, comme aussi pourtant, la plus incroyable. Les alliés sont entrés à Paris, me disait mon bon chambrier. — Bon! Sait-on déjà le résultat? — Monsieur, nos troupes se retirent sur la Loire et crient par-tout : Vive l'armée! Vive la république! — O mon ami! Je suis en prison, si cela est, pour toute ma vie. Oui, oui, j'y veux rester; je préfère les chaînes, les cachots à la liberté républicaine, à vivre au milieu des Français qui l'auraient; et je resterais volontiers un an ici ou plus, au prix de voir Louis régner en France... Est-il possible! est-il possible!!!

L'heure du dîner arrive, et me trouvant dans l'a-
battement, la personne qui me l'apportait en ayant
appris la cause, me dit : Mais du tout, Monsieur,
les affaires vont bien; il n'y a rien du tout qui puisse
vous allarmer. On crie, à la vérité, vive l'armée; elle
s'éloigne, il est vrai, mais en criant : Vive la nation! —
Vive la nation, lui dis-je, vive la patrie! Le Roi en
est et moi aussi. Mais ne crierons-nous pas aussi :
Vive le Roi! — On n'en dit encore rien; mais il faut
l'espérer. Vers les deux heures, aujourd'hui 8, la
même personne m'apportant à dîner, en entrant, me
salue d'un charmant vive le Roi! — Vive le Roi!
je réponds, et la voilà à me raconter ce que tout le
monde sait.

Je suis plus joyeux que porté à croire ce qu'il
m'a dit là. J'en cause avec mes amis; je leur fais part
de mes craintes; elles naissent de l'étonnement où je
suis de me voir toujours ici. Quoi, dis-je, le Roi est
à Cambrai et même à Saint-Denis, et me voici! Lagarde n'y pense donc pas. Ah! si les choses allaient
aussi bien qu'on me dit..... Après tout, m'écriais-je,
dans un transport redoublé de confiance en Dieu :

> Mon Dieu, peut-on en vous mettre en vain son espoir?
> C'est à vous qu'appartient le souverain pouvoir;
> Je vous demande ici bien moins ma délivrance
> Que le salut de la France (1).

-----

(1) Au moment où je faisais cette prière, on me l'a dit depuis,
le Roi entrait à Paris, précédé de la garde nationale, qui dansait
devant lui. Quelle scène plus touchante! qu'elle fête plus ravis-

Voici le geôlier avec une lettre, qu'il me dit être de Monsieur le préfet ; je l'ouvre et je lis :

Chartres, le 8 juillet 1815.

« J'ai écrit, Monsieur, au préfet du Mans, pour l'engager à m'autoriser à vous remettre en liberté. Si je ne reçois pas de réponse ce soir, je prendrai sur moi de vous la rendre. »

Suivent les qualités et signature de l'auteur de la lettre adressée à M. Poussard, à la maison d'arrêt de Chartres. Je n'ai pas besoin de dire quels furent les sentimens que produisit en moi la lecture de cette lettre. Le lendemain dès le matin, j'écrivis en ces termes à M ***.

Chartres, 9 juillet 1815.

Monsieur,

Si vous n'avez rien reçu hier au soir du Mans, ni qui empêche et que vous n'ayez pas changé d'intention, je vous prie de la remplir, de manière que je puisse moi-même remplir mon devoir de chrétien, en assistant à la sainte messe si je ne puis la dire.

Dans le cas contraire, veuillez m'accorder un gendarme ou deux pour m'y accompagner : je paierai ce qu'il faudra. J'ai l'honneur d'être, etc.

Et j'ai signé.

---

sante ! Ah ! c'était bien celle d'un père reçu, revu par ses enfans ! Et où étais-je ? eh bien ! j'étais bien ; on ne peut être par-tout.

> N'est-ce donc pas un plaisir,
> Que de souffrir
> Pour ce qu'on aime ;
> Oh oui ! c'est un plaisir extrême ;
> C'est un plaisir, c'est un plaisir.

Cette lettre portée, à ce que m'a dit le geolier, à la préfecture sur les huit heures et demie, est restée sans réponse.

Le lendemain, vers la même heure, j'envoyai la suivante à la même adresse.

Chartres, 10 juillet 1815.

Monsieur,

J'invoque l'accomplissement de votre promesse du 8 du courant, et si ma partie adverse s'y oppose ; et que pour cela vous craignez de vous compromettre en me mettant en liberté, ne pourrait-il pas se faire que vous eussiez à craindre le même inconvénient en me laissant plus long-temps en captivité? Sous quel régime ou gouvernement serions-nous donc s'il en était autrement? Des bruits, confirmés par des personnes graves, me disent que nous sommes sous celui de Louis XVIII. C'est sa cause que j'ai voulu défendre de la plume, ne pouvant le faire de l'épée, qui me rend coupable aux yeux de mon adversaire. Du reste je n'ai fait que vouloir la défendre, cette cause si belle à mes yeux, et qui me paraît aussi bonne en elle-même qu'elle l'est pour tous ! C'est pour m'être plaint de ce qu'on s'opposait, au mépris des lois en vigueur, à ce que je la défendisse, à celui qui m'a envoyé ici, que j'y suis de sa part. Je vous ai demandé itérativement de m'entendre; vous m'avez entendu maintenant puisque vous m'avez lu.

Me mettre de suite en liberté d'après votre promesse, quelque soit là dessus l'avis de ma partie, c'est ce qu'il me semble que vous ne pouvez plus guère me refuser.

Si vous craignez encore que cela vous compromette, eh bien ! envoyez-moi sans délai, nouveau Festus, à qui j'appartiens au moins de fait, quelque puisse être la nature de la cause qui m'a ammené ici ; renvoyez-moi donc à César. Quelque loin que je sois d'être un Saint Paul, ma situation ici est la même que la sienne fut à Césarée. S'il y venait un Agrippa vous voir, et que vous me missiez devant lui, après m'avoir entendu, me jugeant innocent, il serait, j'en suis sur, d'avis qu'on me mit de suite en liberté, puisque je n'en ai appelé à César que conditionnellement et dans le cas où vous ne voudriez pas prendre la chose sur vous, ce à quoi je conclus. J'ai l'honneur, etc.

Et j'ai signé.

Vers les dix heures et demie, onze heures, ne recevant point de réponse, il me vint à l'esprit d'écrire à M. le procureur du Roi. J'en demande le nom, et de suite j'écris :

Chartres, 10 juillet 1815.

Monsieur,

Détenu injustement après avoir été arrêté arbitrairement au Mans, il y a neuf jours aujourd'hui, par les ordres de celui qui croit avoir à se plaindre de moi, je suis ici depuis sept jours, qui seront révolus ce soir à huit heures. Je n'ai encore pu obtenir même d'être entendu ; j'ai recours à vous pour en avoir cette faveur. Veuillez donc m'envoyer chercher le plutôt que vous pourrez, sous bonne et sûre garde, si vous, ne jugez mieux de prendre la peine de venir ici vous-même.

Le sujet de ma détention est un écrit plaidant la cause si heureusement pour nous gagnée aujourd'hui, si ce qu'on dit est vrai. On a voulu m'empêcher de le faire imprimer, je m'en suis fâché,

> Et l'on a mis en cage l'oiseau,
> Pour l'empêcher de chanter plus haut.
> Mais si telle est la cause
> De la première intention,
> Aujourd'hui c'est autre chose,
> Je n'en connais pas la raison.

Intéressez-vous donc de manière ou d'autre à ma situation, je vous prie. S'il n'est pas de votre ressort de me rendre la justice que je vous demande, venez charitablement, je vous en conjure, m'aider à sortir d'ici, vous obligerez infiniment celui qui est avec respect, etc.

Et j'ai signé.

Vers une heure, le geôlier que j'ai fait appeler, m'étonnant qu'il ne me rendit point de réponse, vint me dire : Monsieur, j'ai moi-même porté votre lettre à M. Simonot : il en a pris lecture devant moi : il m'a dit que votre affaire n'était pas de sa compétence ; mais que vous fussiez tranquille, qu'il allait en conférer avec M. le préfet, et que vraisemblablement vous seriez bientôt en liberté.

Trois heures se passent : il en est quatre et la geôlière joyeusement me remet la lettre dont voici le contenu.

Chartres, 10 juillet 1815.

À M. Poussard, détenu à la maison d'arrêt.

« Je suis étonné, monsieur, que vous ne soyez point encore rendu à la liberté. J'en avais donné l'ordre formel à la gendarmerie dès hier dans la matinée. Je donne en conséquence de nouveaux ordres au concierge. »

Le préfet d'Eure-et-Loire.

Suit sa signature.

> Voilà l'oiseau dehors de sa cage ;
> Il va reprendre son ramage,
> Il peut chanter, il chantera,
> Aussi haut qu'il voudra.

§ III.

Le premier usage que je fais de ma liberté, après en avoir rendu grâce à Dieu, c'est d'en annoncer la bonne nouvelle à notre cher Principal, qui va en faire part à tous nos amis, à nos chers collègues, etc., etc.

Je l'avertis, en même temps, que je pars pour Paris, où mes affaires ne peuvent me retenir plus long-temps que je n'ai été en détention ; j'y serai, lui dis-je, tout au plus sept ou neuf jours.

Me voilà parti et arrivé aussi : déjà aussi j'ai consulté. Je le savais, mon affaire est très-bonne ; mais il faut passer par des formes, que les circonstances où je me trouve rendraient trop longues pour que je pusse entrer de suite en instance : on me dit que la chose ne peut périmer. Il me manque encore une

pièce essentielle, sans laquelle je ne puis rien en-
tamer. J'aurais dû lever l'extrait, qui me concerne,
des registres de police de la maison d'arrêt de Chartres ; je ne l'ai pas fait : je ne puis, cependant, me
souffrir plus long-temps éloigné de mes principales
fonctions. Je renonce, en conséquence, même aux
projets que j'avais de faire imprimer à Paris la première partie de cet écrit, et, de la seconde, ce que
l'on voit dans les deux premiers paragraphes.

Je regrette maintenant de ne l'avoir pas fait : personne ailleurs ne veut s'en charger : les uns ont,
disent-ils, trop à faire ; d'autres craignent que les
choses ne restent pas sur le pied où elles sont : on
ne veut pas s'exposer à des disgrâces dans le cas où
elles viendraient à changer.

Eh ! moi aussi, je crains la perte du trésor que
nous possédons ; mais il n'est rien que je ne veuille
faire pour travailler, concourir à le conserver. En
voici, je crois, d'assez bonnes preuves.

Aujourd'hui, 29 juillet, en m'occupant à chercher
les moyens de me faire imprimer, je vais travailler à
recueillir mes notes pour rédiger ce troisième para-
graphe, à l'effet de l'envoyer pour le joindre aux
precédens, quand j'aurai trouvé mon affaire.

Je vais dire aussi, dès maintenant, et cela en con-
firmation de preuve de mon ardent désir pour le
maintient de notre prospérité, de notre bonheur,
que, avant-hier, un notable distingué, qui me fait
l'honneur de s'intéresser à moi, m'écrivait pour me
détourner de mettre au jour mon écrit (première

et seconde partie, premier et second paragraphes),
dont il avait entendu parler ; sa raison la plus im-
posante était les vengeances que je pourrais exciter.
J'ai eu l'honneur de lui répondre, entre autres choses,
ce qui suit :

Le Mans, 28 juillet 1815.

Monsieur,

J'ai reçu hier, trop tard, l'honneur de votre lettre
pour y répondre de suite.

J'ai pu recueillir les avis de la nuit, et ils n'ont
rien changé à mes résolutions.

. . . .
. . . .
. . . .

Il est des vengeances de deux espèces, celles des
vengeurs et celles des vindicatifs.

Je n'ai rien à craindre des premières de la part
des hommes, puisqu'elles sont justes et que je n'ai
point fait ni ne ferai rien de mal, ou de justement
condamnable.

Quant aux secondes, je ne dois pas craindre de
m'y exposer, ne pouvant sacrifier mon devoir au
désir de m'y soustraire ; elles ne peuvent être exer-
cées que par les méchans, qui n'ont nulle prise sur
ce qu'attend le chrétien..... l'immortalité.

Qu'ont-ils d'ailleurs à m'ôter, aujourd'hui, autre
chose que la vie ? Ils ne peuvent plus attenter à ma
liberté, mon Roi et ses lois la protègent : on ne
pourrait m'en priver que contre ses intentions et le
droit.

Sa Majesté aurait-elle encore, parmi ceux à qui elle a confié du pouvoir, des traîtres capables de persécuter un de ses plus fidèles sujets, parce qu'il veut la servir? l'abus qu'ils en feraient la servirait malgré eux, et ne pourrait qu'attirer sa disgrâce, qu'ils mériteraient.

Quant à ma vie, que pourrait-il y avoir pour moi de plus avantageux que de la perdre pour une cause sacrée! *Omnis anima potestatibus sublimioribus subdita sit*, dit le Saint-Esprit, par la bouche de l'apôtre. Combattre les rebelles, travailler autant que je peux à effrayer ceux qui seraient tentés de le devenir, voilà à quoi je tends. Je mourrais donc martyr..... Eh! combien n'ai-je pas besoin de ce baptême pour expier tant de fautes! . . . . .

. . . .

J'ai l'honneur, etc.
Suit ma signature qualifiée.

Cependant, me voilà encore à Paris; cela n'est pas bien étonnant, à peine y a-t-il trois ou quatre heures que j'y suis arrivé. Il est assez tard pour que j'aille prendre un peu de repos, si je peux : c'est bien dit, si je peux; une garnison cubillaire saura bien m'en empêcher. Allons, levons-nous.

Après avoir mis ordre à mes affaires quotidiennes et matinales, je vais faire des courses de devoir et d'amitié, quelques autres aussi : un de mes premiers saluts s'adresse, comme de raison, à un pasteur respectable, M. Leclerc-Dubradin, curé de

St.-Etienne-du-Mont (1) , sous qui je travaillai quatre ans, et qui m'a accordé les invalides pendant deux : j'en avais grand besoin, mais aujourd'hui cela va bien. Je suis gai et bien portant, à une petite infirmité près cependant ; mais ne faut-il pas qu'il y ait toujours quelque chose qui cloche ; sans quoi, cela n'irait pas bien, *manca mundi felicitas*. Saint Thomas, vous parlez comme un ange, et vous ne l'êtes pas seulement de l'école : oui, vous avez raison, il faut que cela soit.

J'ai retenu ma place, à la voiture, pour Chartres seulement. J'y suis déjà ; je craignais de n'y pouvoir être expédié assez tôt pour repartir à onze heures ; il en

----

(1) Hélas ! s'il eût été plus à ma portée ; j'eusse encore approché mes lèvres de ses joues ; il a fallu me contenter de lui serrer affectueusement la main. Ah ! cette fois, il y fut insensible ! mais non, vous m'avez vu du séjour des bienheureux, et vous vous y intéressez encore à moi. Eh ! comment en serait-il autrement ? mes prières adressées au ciel, en présence de vos dépouilles mortelles, vous seraient donc inutiles, dans le cas où vos vertus ne seraient pas encore couronnées.

Merveilleux instrument de la Providence à mon égard ! à combien d'autres ne fut-il pas utile à ce titre ; ah ! faut-il que j'en sois réduit à me trouver heureux, d'avoir été amené dans une circonstance où je puis consoler la douleur de sa perte, en lui rendant en présence, les derniers devoirs de ma si juste reconnaissance ! Hélas ! demain, il y aura précisément un mois, que, sur son invitation, j'avais encore l'honneur de manger à sa table, et demain, presqu'à la même heure, je ne vais qu'assister à son convoi !!!

Fidem consolatur futuræ immortalitatis promissio....
Vita mutatur, non tollitur. Requies illi in pace sempiternâ.
Amen.

est neuf passées, et voilà le porte-clef de la prison qui m'apporte un papier : j'y jette un coup-d'œil pour voir si c'est bien là ce que je demande; c'est bon, je suis content.

Content, pas plus qu'il ne faut cependant : les nouvelles apportées du Mans par la voiture qui en arrive, me font balancer, hésiter. Non, je ne sais quel parti prendre. J'ai cependant déjà donné, comme on dit, des arrhes au coche. Obligeamment, on ne refuse pas de me les rendre. Vos raisons sont trop justes, me dit-on. Effectivement, moi qui, si souvent, ai regretté de ne pas me trouver à Gand avec Louis XVIII, qui me trouvais si réjoui de porter la fleur de lis, j'allais me trouver forcé de la cacher, de me retrouver enfin dans un pays ennemi. Je ne voyais alors pas d'autre inconvénient à continuer ma route, mais il était déjà trop grand; j'étais sur le pavé du Roi, je ne pouvais me résoudre à le quitter.

J'avais déjà entendu parler, et on me parle encore de Nogent-le-Rotrou comme d'un pays charmant. Allons, partons pour Nogent : m'y voici ; c'est une vraie famille de frères. Oh! comme on aime là le Roi ! mais c'est que c'est tout le monde. Comme aussi on se parle là tous obligeamment, amicalement, joyeusement......... Je le quitte pourtant; c'est après déjeûner : j'arrive jusqu'à Sceaux, et c'est là que l'on dîne, mais quand on y est sans chagrin.

Quel coup de foudre ! Oh non, je n'y tiens plus. — Je retourne ; je veux retourner à Nogent ; la voiture du Mans à Paris est-elle passée? — Oui, Monsieur. — Au moins on a ici la poste? J'avais l'esprit si troublé que je ne me souviens pas de ce qu'on me répondit. Ciel! si j'eusse su cela dans ma prison ! Ah! je serais devenu fou!!! Mais, mon Dieu, vous êtes si bon! vous connaissez notre faiblesse, et vous ne permettez pas que nous soyons tentés au-dessus de nos forces ! c'est vous qui présidiez au refus que l'on me faisait de m'entendre!!!!

M. Roujoux, que je vous ai d'obligations ! Mon estime pour vous, d'après ce qu'on m'a dit de vous, m'avait fait taire votre nom ailleurs ; j'aurais voulu pouvoir ne pas parler de vos lettres, ne pas parler de vous du tout ; mais ici je vous nomme avec transport ! M. Roujoux, que je vous ai d'obligations.... Autant j'imaginais pouvoir être mécontent de vous, autant et plus et bien plus, dans ce moment, je vous adresse d'actions de grâces, et jamais de mon cœur ne s'effacera la reconnaissance que je vous voue.

Et vous, mon ange tutélaire, ô mon cher Principal! vous le verrez, vos vœux ont été exaucés, vous le savez déja. *Angelus Raphael te comitetur in viâ.* Tels sont les derniers mots du petit billet, par lequel vous m'annonciez l'envoi du surcroît d'argent que je vous demandais. Eh bien, j'ai lieu de croire qu'il m'a toujours accompagné, ce bon ange. Mais voici qu'il se montre sensiblement. O comme il m'administra la médecine de Dieu! O Providence! ce sont là de vos faits! Vous m'avez déja si souvent appris à les connaître, que, sans jamais cesser de les adorer, autant que vous voulez bien m'en faire la grâce, je crois que je ne puis plus les admirer, tant ils me sont familiers ; au moins je ne m'en étonne plus. Je compte là-dessus, et jamais je ne suis trompé (1).

Je ne l'avais jamais ni vu ni connu, mais il avait un frère (2) que j'ai toujours estimé, sur-tout pour sa rare piété, depuis qu'avec lui j'ai vécu un an : il y a bien long-temps. Je suis sorti de l'institution avec lui ; nous avons, piétonnant, fait voyage ensemble de Paris à Vendôme, où je l'ai laissé pour me rendre au Mans, et cela il y a bientôt trente-huit ans. A peine depuis l'ai-je revu. Hélas ! je ne le verrai plus. Mais que dis-je, est-ce que nous sommes donc comme ces autres qui *spem non habent ?* Non, non, non, ses vertus et ma bienheureuse espérance nous réunirons pour ne nous plus à jamais séparer.

Et vous, son frère, que j'ai ici (3), vous voulez donc absolument m'emmener au Mans? — Oui.

Lecteur, excusez mes transports et le désordre de mon récit. On m'a fait arrêter comme fou! N'allez pas dire et croyez-moins encore que je le sois. Je crois que vous ne seriez pas sage.

Mais à propos pourtant, ci fait, oui, je suis fou. Et comment l'oubliais-je, n'en ai-je pas fait profes-

---

(1) *Qui custodivit introitum, custodit exitum, custodiet et reditum.* C'est ainsi que je commençais ma lettre à M. le Principal, en demande d'un nouvel envoi d'argent, et je la finissais en disant : *Patior sed non confundor, scio enim cui credidi.*

(2) Le P. Rocher, prêtre de la ci-devant Congrégation de l'Oratoire, né à la Flèche.

(3) M. Despèrez, président du tribunal de la Flèche.

sion? Et n'ai-je pas voulu l'afficher en transparent?
Oui dà, en transparent, et transparent déja avec tant
d'autres, transcrit depuis long-temps de la main d'un
de nos pensionnaires (1), aussi bon enfant que bon
royaliste. Y auraient-il des royalistes qui ne seraient
pas bons enfans? Le Roi ne les aimerait pas. Non,
non, il n'en est point.

Vive le règne des Bourbons !
Détesté des méchans , il est chéri des bons.

Mais ma folie, où en sommes-nous? Oh ! vraiment
j'en suis tout honteux; me donner un démenti sem-
blable, oser dire que je ne suis pas ce que je sais
bien que je suis. C'est le malheureux esprit de con-
tradiction, apparemment, qui m'a cette fois au moins
entraîné dans la dénégation. Quoi ! si long-temps
j'aurais été sans y penser, sans reconnaître la vérité.
Croyez-le cependant, lecteur, non, ce n'est pas
parce que je n'osais l'avouer d'abord, mais vraiment
je n'y pensais pas.

Vous y pensiez pour moi, sans doute, chers amis
et collègues; vous vous souvenez de l'état dans lequel vous m'avez vu tous les jours, depuis les nouvelles de cette si heureuse, et aussi, si douloureuse
journée du 18 juin. Si heureuse, qui reconquis notre
Roi; si douloureuse, si affligeante, à cause de tant
de victimes égarées, et de tant d'autres de nos amis
de l'armée de nos libérateurs, dont Fleurus et Mont-
Saint-Jean furent jonchés ! ! !

____

(1) M. Wadwenguene.

Ah! combien de fois depuis ce jour, jusqu'à celui du 2 juillet neuf heures du matin, m'exaltant, m'écriant, me transportant devant vous de joie et d'allégresse, comme aussi d'indignation, selon le sujet, je finissais par dire : En vérité j'en suis fou, oui j'en suis fou. C'était-là presque toujours mon refrain, et j'ajoutais encore : J'en suis fou, je veux l'être :

Dulce mihi furere est patre recepto.

Je le croyais déjà tenir. N'est-il pas vrai, ce que je viens de dire, chers amis et collègues, et que vous pourriez tous, et vous même aussi, notre bon Principal, *donner déclaration et acte de cette démence*, à qui voudrait? J'ai bien aussi *donné au Mans, ces signes évidens de folie*; car quoique je ne sorte guère de la maison, et que depuis l'époque dont je parle, à peine ai-je été dans deux endroits ailleurs, et si j'allais habituellement dans un, c'était pour y avoir les nouvelles plutôt. Les ai-je moins *donné* pour cela *au Mans*, très-véritablement, *ces signes*, puisque le collége est dans le Mans? Allons, allons, convenons-en; j'en conviens aussi, et je conviens encore que je l'ai bien *manifestée* d'autre sorte *à M. Lagarde, ex parte sciens et volens*, *et ex parte nolens et ignorans*, ne présumant pas même qu'il pût en avoir connaissance plutôt que tout le public. Je me trompe ici, car on en devait faire un dépôt dans les bureaux de la préfecture, et pour cela il aurait pu en connaître avant d'autres, puisqu'il faisait fonction de préfet. Mais que je l'aie su ou ignoré, qu'importe, cela n'empêche pas qu'il en ait été témoin, *qu'elle n'ait éclatée, cette folie, en sa présence.*

Quelle folie, en effet, n'a pas dû être à ses yeux, d'avoir pu faire un écrit destiné au grand jour (1), où je donne assez à entendre que la prétendue représentation, si elle voulait être quelque chose pour nous, aurait dû, du moment où elle s'est trouvée rassemblée et soi-disant constituée, ne travailler que dans la vue unique de nous ramener le Roi.

Quelle folie, de lui vouloir formellement demander dans cet écrit, sans parler de tant d'autres extravagances qu'on lit dans les prolégomènes, de rappeler Louis VXIII, et de charger le gouvernement provisoire, sur sa responsabité, de pourvoir à la sûrété du retour de Sa Majesté autant qu'il en serait besoin (2).

---

(1) *Voyez* ma pétition, première partie.

(2) Quel est celui de M. Malleville ou de moi qui a les gants de cette proposition ? C'est lui qui l'a mise le premier au grand jour; mais dès le 26 juin elle était destinée par moi à y paraître, et jamais je n'aurais pensé à la produire, si j'avais cru qu'un autre aurait l'idée de le faire et le ferait avant moi; je lui eût applaudit, mais je n'en eût jamais écrit; il n'en eût même jamais été question de ma part, si on eût laissé aller les choses naturellement. Le lundi 3 j'auraiz payé la composition de la planche, si elle eût été faite comme on me l'avait promis, et on n'en aurait jamais fait le tirage.

Combien n'ai-je pas souffert de ne voir aucun membre des deux Chambres s'expliquer cathégoriquement là-dessus !

Malheureuse chambre dite des représentans, vous avez pu sauver la France.... Que de sang au moins ne pouviez-vous pas épargner ! et vous avez souffert que dans votre sein on proposât de déclarer aliéné, celui qui a exprimé ce que vous deviez tous, ce que vous avez toujours dû ardemment désirer; et vous n'avez

Et peut-on, enfin, porter le délire plus loin que je l'ai fait, en lui disant ce qu'on voit en substance page 9 et suivantes.

Cependant M. Lagarde conviendra que si c'eût été à M. Pasquier que j'eusse eu affaire dans les circonstances où il se trouvait alors, et que je n'eusse pas fait plus de cas de sa dignité de préfet que j'en faisais de celle de son prétendu remplaçant, il eût trouvé *lui* Lagarde, ma conduite d'une très-haute sagesse, et surtout, tout ce que je lui aurais dit dans ce sens, très-vrai. Et M. Paquier, comment eût-il pris cela? Que m'eût-il dit? Que m'eût-il fait? Au lieu de se fâcher, de devenir furieux, de me faire venir de son salon dans son antichambre, ou salle de pas perdus, et conduire d'abord, sans savoir où, et ensuite *à Chartres pour y être mis en prison jusqu'à nouvelle ordre du ministre de la police générale*, et tout cela *positis ponendis*. Eh bien! quelque pouvoir qu'il eût pu avoir de faire autrement alors, il se serait contenté, M. Pasquier, le vrai préfet du département de la Sarthe, le seul là revêtu de cette dignité; oui, il se serait contenté de lever les épaules, en persistant à me refuser ce dont le refus me fâchait, si c'eût été là sa manière de voir; et il se fût dit en lui-même, nous verrons bientôt si il est vrai que je ne suis rien, et ce qu'est celui qui se prétend préfet aujourd'hui; ou si, me jugeant passible de quelque

---

su lui rendre d'autre justice que celle d'un malheureux ordre du jour, pitoyablement motivé sur l'inviolabilité de l'auteur de la seule motion raisonnable qu'on ait pu faire parmi vous!

peine, il eût voulut avoir, en rigueur, raison et justice contre moi, quelque peu libéral qu'on veuille
dire être le gouvernement dont il tient son autorité , il m'eût fait passer par les formes de droit, et
le juge eût prononcé.

Hé pourquoi donc une façon de faire et de penser
si différente? Ah! ah! pourquoi! C'est qu'il n'y a que
la vérité qui irrite, qui mette hors des gonds.

Que j'ai été malheureux que M. Lagarde ne célé-
brât pas ce jour là par un festin magnifique, le jour
de sa naissance, et qu'il n'ait pas eu une petite qui
soit venue danser devant lui avec grâce; bientôt mon
non licet eût eu sa récompense. Oh oui! ma tête
bientôt lui eût été apportée dans un bassin; et l'eût-
il vu avec chagrin? Je laisse à penser là-dessus ce
qu'on voudra d'un homme qui, s'il ne m'a pas ôté la
vie, est allé jusqu'à me destituer, ne me donnant
plus que la qualité de : *Jusqu'à présent, sous-principal du collège du Mans, et cela en date du 2 juillet*
1815. Des gens qui le louent de n'avoir pas fait tout
le mal qu'il pouvait faire, le trouveront peut-être
louable de n'avoir pas fait pire contre moi.

Mais oublierai-je que c'est aujourd'hui le 30 juillet
et que je n'ai pas fini l'histoire du 14. Beau jour que
ce 14 juillet!!! Hélas! je n'en connaissais pas les
suites , et qui eût pu les prévoir? Eh bien, faites, ô
mon Dieu , qu'il ait été cette fois, pour moi, un jour
d'expiation, d'autant que votre grâce m'en a fourni
de matière.

J'en suis à causer avec mon bon ange dans la voiture : les autres voyageurs dînent pendant ce temps-là ; il m'a promis de veiller à ma sûreté. Je dois lui écrire à la Boule d'Or, entre 8 et 9 heures ce soir, et s'il ne reçoit pas de mes nouvelles, il saura qu'en penser et que faire.

Voici tout notre monde qui s'apprête à rentrer. Nous allons partir ; ce ne sera pas sans qu'il y eût du bruit auparavant.

Notre voiture est parfaitement composée , nous avons entr'autre deux jeunes gens qui l'ont rencontrée entre Nogent et Sceaux. L'un est fils d'un notaire d'Angers , où il va. C'est bien le plus aimable jeune homme qu'on puisse voir. Sa conversation est des plus intéressantes : il me paraît avoir de la piété ; aussi, est-il bon et très-sage royaliste. Il a pris sa place à côté de moi. Nous causons quelquefois nous deux : il politique sur les affaires présentes par charme. Le voilà pourtant en dispute ; c'est une réclamation qu'on lui fait, et cela absloument mal-à-propos. Il se défend avec toute l'honnêteté possible, et finit par donner ce qu'on lui demande ; ce qui n'empêche pas qu'il soit poursuivi par des clameurs que nous entendrions encore si la voiture qui s'éloigne ne les avait pas éteintes. Elles étaient telles, qu'on n'eût pu les excuser, quand leur sujet eût été aussi juste qu'il était malhonnête. Le bon jeune homme ne faisait qu'en rire de pilié, en me faisant là-dessus des réflexions des plus sensées.

Cette aventure me fit petit à petit sortir de la pénible situation où j'étais. Je prends part à la conversation sans que cela m'empêche de rouler quelques idées dans ma tête, et de concevoir un projet dont on verra l'exécution plus loin (1).

Je reprends ma gaieté ; je fais connaître que pour peu que les affaires soient encore mauvaises au Mans, pour peu que le bon esprit ne soit pas libre de s'y montrer sans danger, je repartirai dès cette nuit pour Paris, si je peux.

Je ne suis pas le seul à prendre cette résolution. Le camarade du bon Angevin, qui doit rester au Mans, n'en ferait pas à deux non plus.

Que de monde autour de notre voiture! Oh! oh ! voici un gendarme! Je descend, non sans nourrir en moi-même quelque inquiétude ; je traverse la foule pour me rendre au bureau. J'exhibe mon passeport qu'on me demande pour la première fois de mon voyage. Je ne l'ai même pas fait viser à Paris ; que va-t-on me dire?..... Rien, je paie ce que je dois, me voilà accompagné d'un homme qui emporte mon paquet. Moitié inquiet, moitié content, je remarque en passant, sur les visages que je rencontre, le sourire qui commence à s'épanouir, puis des airs rebarbatifs qui semblent le forcer de se renfermer.

Arrivé au collége, j'emprunte du portier de quoi payer le porteur de mon paquet, parce que je n'ai plus qu'un sou dans ma bourse ; le reste de l'argent que j'avais avec moi était dans mon paquet. Oh ! mon bon Principal, le premier envoi que vous me faisiez,

____

(1) *Voyez* p. 47.

était, comme vous le voyez, suffisant, mais aussi ; c'était bien juste ce qu'il me fallait...

C'est une réflexion que je venais de faire en moi-même, en élevant les yeux au ciel et bénissant la Providence avec un sentiment d'admiration sans surprise, et en me reprochant d'avoir demandé davantage.

On vient d'entrer au réfectoire, j'y cours ; c'est à Monsieur le Principal même que je m'adresse, et, après l'avoir gaiement salué en lui disant bon jour, je le prie de donner la lecture en l'honneur de ma si heureuse et si joyeuse arrivée. L'accordé est suivi, comme de raison, des plus vifs applaudissemens qui se manifestent par de longs battemens de mains.

Rendu à ma place, j'y soupe avec plus de besoin que d'appétit, en conversant gaiement avec mes petits voisins.

Après souper, plusieurs de nos messieurs viennent autour de moi : je satisfais le mieux que je peux aux demandes curieuses que m'adressent l'intérêt qu'ils me portent.

C'est surtout des merveilles de Dieu à mon égard que je les entretiens, et je leur cite en particulier mon quatrain :

Mon Dieu ! qui peut en vous mettre en vain son espoir, etc.

Si bien qu'ayant voulu le leur montrer sur le cahier où il se trouve, je tire aussi mon porte-feuille, que, par mégarde, je laisse sur la table du réfectoire : il contient des pièces dont je vais avoir besoin tout-à-l'heure.

Je quitte nos messieurs pour me rendre auprès de notre Principal, à qui, entre autres choses, je demande le nom et la demeure de celui qui remplace M. le procureur du Roi absent; l'ayant appris, je vais me rendre chez lui. Dès que je parais dans la cour de notre maison, où se trouve la petite pension en récréation, des cris de *vive le Roi!* partent tout-à-coup : c'est la première fois, depuis long-temps, que je les entends au Mans. Je m'aperçois qu'ils ont été entonnés par un bon petit royaliste (1). Je m'adresse à ce petit étourdi, après avoir fait signe aux autres de se taire : Mon ami, il n'est pas encore temps, lui dis-je, cela ne tardera pas à venir; non, cela ne peut tarder, mais attendez encore; j'arrive de prison, profitez de la leçon. Il me regarde avec son petit air...... est-ce malin ou spirituel que je dirai? ce sera comme on voudra; un peu de l'un,

____

(1) Le petit Durier, à qui depuis j'ai adressé deux couplets, pour répondre à la demande qu'il m'a faite d'une chanson en l'honneur du Roi. Les voici, ces couplets; ils sont sur l'air du vaudeville du Sorcier.

ENVOI.	COUPLET.
Mon ami, nulle chansonnette	D'un père la pénible absence
Ne peut sortir de mon cerveau,	Nous affligeait depuis trois mois;
N'étant pas même assez poète	Il n'était plus de jouissance,
Pour prêter à rire à Boileau.	Plus d'ordre! il n'était plus de lois!
Pourtant, je veux vous satisfaire,	L'Europe s'arme pour la France;
Mais d'un couplet soyez content:	Elle vient contre nos tyrans,
J'ai fait tant, tant, tant,	Et fait tant, tant, tant,
Tant, tant, tant, tant,	Tant, tant, tant, tant,
Que voici, je crois, votre affaire,	Pour notre heureuse délivrance,
Soyez content, soyez content.	Qu'à la fin nous voilà contens,
Soyez content, soyez content.	Contens, contens, et très-contens.

beaucoup de l'autre, pour ne pas se tromper. Je continue ma route, et me voilà chez M. le substitut.

L'ayant salué, et m'étant parfaitement instruit que c'est à lui que je dois m'adresser : Je viens, monsieur, lui dis-je, me mettre sous votre protection, et vous déclarer que s'il me mésarive dorénavant, c'est à M. Lagarde, qui demeure à la préfecture, que vous devez vous en prendre.

Surpris, il m'interroge. Je le mets au fait; je ne puis le satisfaire complètement que par mes paroles; mes pièces sont à la maison; je cherche et je recherche dans mes poches, sur sa commode, où j'ai posé des papiers en en cherchant d'autres, le tout inutilement; bref, il me croit sur parole, et j'en obtiens ce que je lui demande. J'ai eu l'honneur de lui donner depuis plus ample satisfaction.

Rentré à la maison, j'y retrouve mon portefeuille. Je suis dans ma chambre déjà depuis plus d'un quart d'heure, et il est, je crois, plus de neuf heures...... Oh! mais, dis-je, j'oubliais...... il faut au moins le tirer d'inquiétude....... allons-y nous-même, il en vaut bien la peine, vraiment. — Par prudence, je me fais accompagner du portier; je trouve M. Despèrez, je lui dis ce que je viens de faire. A merveille! c'est bon! me dit-il. — Ainsi, monsieur, me voilà tranquille, n'ayant plus qu'à vous remercier de tant de services, dont je vous serai à jamais reconnaissant.

J'apprends au même instant que nous sommes, depuis une heure, ici, en liberté de nous montrer les amis de Louis. Ne semblerait-il pas qu'on m'attendait pour que je fusse de la fête? Puis-je donc, dis-je, sans crainte montrer ma fleur de lis? — Tant que vous voudrez. — Je la tire de ma manche, où je l'avais cachée en sortant de Nogent, et je la mets en évidence.

En montant devant le perron, m'en retournant à la maison, j'aperçois d'un peu loin deux militaires qui le descendent, du bras, je cache (je l'ai fait remarquer au portier) ce qui peut les offenser, et m'attirer chicane, ou quelque chose de plus grave. Bientôt, dans ma chambre, je rends de tout grâce à Dieu, et me voilà enfin couché dans mon lit.

Dès le matin du lendemain, après avoir bien dormi, je me lève. Vers les six heures moins un quart, je vais présider au lever de la pension. En entrant dans un des dortoirs : allons, dis-je, mes amis, bénissons Dieu ; levons - nous ; *Vive le Roi!* dites - le tous comme moi : ce ne fut pas Durier qui cria le dernier. Je vais ailleurs, et je fais de même.

Je sors de chez notre Principal ; il n'est rien qu'il n'ait fait pour me tirer d'affaire. Je n'avais pas besoin qu'il me le dit pour que je le susse : il a bien dû le voir par ma lettre du 4.

J'avais souvent dit dans mon cœur : *Adorabo ad templum sanctum tuum et confitebor nomini tuo super misericordià tuà et veritate tuà.* En conséquence, je voulais chanter aujourd'hui à la messe du collége le *Te Deum* et le *Domine salvum.*

Je n'y prenais pas garde. Ce n'était pas qu'il y eût

du danger : il était passé : depuis hier au soir le roya-
lisme, au Mans, était affranchi de ses fers. Mais, me
dit le bon Principal : C'est à la cathédrale à commen-
cer.

Hé bien, c'est moi qui va célébrer les mystères eu-
charistiques, que j'annonce en ces termes avant de com-
mencer.

MES ENFANS! MES CHERS AMIS! Nous allons rendre à
Dieu nos actions de grâce pour tant de bienfaits. Soyez
tranquilles là-dessus; unissez-vous seulement à moi
de tout votre cœur. Nous sommes avec celui qui d'un
mot à tout fait : nous ferons tout aussi par lui et avec
lui. *Fiat, fiat. Amen.*

EPILOGUE.

J. J. (1) Il me semble qu'on peut voir maintenant,
que si des chrétiens membres d'une société politique
savent, comme sujets, obéir aux lois, ils ne savent pas
moins résister à l'oppresseur, quand il est bien connu
pour n'exercer d'autorité qu'en vertu d'une force usur-

---

(1) La vue de ce pretendu philosophe était courte, il en convient.
Il aurait bien dû, comme il dit en finissant son Contrat social,
la fixer toujours plus près de lui; il aurait surtout, s'il l'eût fait,
sans que je veuille pour cela approuver le reste à beaucoup près, il
aurait supprimé son huitième et dernier chapitre, où d'un bout à
l'autre, il ne fait que blasphémer ce qu'il ignore le plus : il avait
pourtant un grand génie, mais il ne l'employait guère qu'à des
sottises pour se faire admirer des sots qui en font leur idole, et
nous avons payé bien cher l'encens qu'ils lui ont offert.

pée ou surprise, au préjudice du Souverain légitime armé pour résister lui-même à l'usurpateur. Toute l'Espagne naguère (et toute l'Espagne est catholique), en a donné l'exemple dans une espèce moins favorable ; et toute la France l'eût suivie si elle eût été toute aussi bonne chrétienne. Ce peuple généreux, magnanime, chrétien en un mot, épuisé par tout ce qu'il a eu a souffrir de nous, a encore trouvé dans son cœur et dans ses ressources, de quoi nous aider à nous rendre le même service qu'il s'est rendu à lui-même. Ne pas l'imiter, c'eût été ou trahison, ou lâcheté, ou ignorance de ses devoirs de chrétien: Honneur donc à tous les insurgés de toute espèce contre l'oppression du futur habitant de Sainte-Hélène (1) et de tous ses partisans.

J'ai moi-même, et je m'en glorifie dans le Seigneur; oui, j'ai moi-même résisté en face à celui qui a voulu, et qui n'y a que trop réussi, me dépouiller du droit de combattre de la plume, ne pouvant le faire de l'épée, pour la cause de mon Souverain. J'ai, en bon royaliste, parlé avec la liberté républicaine, à un républicain, qui, s'il ne connaissait pas le respect dû à un citoyen, n'a pas dû le méconnaître, et qui l'a cependant méconnu, jusqu'à dépouiller autant qu'il a pu de son emploi, et à faire incarcérer aussi injustement qu'arbitrairement, sous un prétexte vague aussi faux que diffamant, sans spécifier de mo-

______

(1) C'est bien dommage ; il ne trouvera pas là de semblables, car on n'y voit aucun animal vorace ni venimeux.

tif, celui qui osa le rappeler à son devoir, et lui dire ce qu'il était.

C'est à lui maintenant de prouver la vérité de ses dires ; et j'aurai plutôt obtenu, sans préjudice de ce que je puis exiger de plus, le biffé de ce qui me regarde au registre de police de la maison d'arrêt de Chartres, que son enquête n'aura répondu à ses désirs. Nous verrons ce qu'il en sera.

FIN.

www.ingramcontent.com/pod-product-compliance
Lightning Source LLC
Chambersburg PA
CBHW051725050726
47598CB00003B/1044